Prières

DE POCHE

pour les
MAMANS

Texte biblique de la Bible Version Segond 21
Copyright © 2007 Societe Biblique de Geneve
Reproduit avec aimable autorisation. Tous droits reserves.

Published by arrangement with Thomas Nelson, a division of
HarperCollins Christian Publishing, Inc.

© 2015 par Max Lucado

www.iCharacter.eu
ISBN 978-1-63474-006-7
Texte : Max Lucado et Andrea Lucado
Prières traduites de l'original anglais par Thierry Ostrini
Introduction traduite par Berniris

Publié par iCharacter Ltd. 6-9 Trinity Street, Dublin 2, Irlande.

Loi n° 49-956 du 16 juillet 1949 sur les publications
destinées à la jeunesse. Dépot légal août 2016.

Version française : Copyright © 2016 iCharacter Ltd.
Tous droits réservés.
Imprimé en Pologne - Bernardinum.

Vous trouverez également nos livres sur
iBookstore, Kobo, Kindle, Google Play.

Rendez-nous visite sur le site : www.iCharacter.eu

Prières
DE POCHE

pour les
MAMANS

40 prières simples
POUR LA PAIX ET LE REPOS

MAX LUCADO

ET ANDREA LUCADO

THOMAS NELSON®
Since 1798
thomasnelson.com

www.iCharacter.eu

La prière de poche

Bonjour, je m'appelle Max. En ce qui concerne la prière je suis encore, à peu de chose près, une mauviette. Quand je prie, je m'assoupis. Mes pensées n'arrêtent pas de faire des zigzags. Les distractions grouillent comme des moucherons par une nuit d'été. Si le trouble déficitaire de l'attention s'applique à la prière, j'en suis affligé. Quand je prie, je pense à mille et mille choses que je dois faire. J'oublie la seule chose que j'étais venu faire : prier.

Certains excellent. Ils inhalent le ciel puis exhalent Dieu. Ils appartiennent à l'Unité des Forces Spéciales d'Intercession. Ils préfèrent prier que dormir. Moi, pourquoi est-ce que je dors quand je prie ? Eux appartiennent à l'AGP : l'Association des Géants de la Prière. Moi, je suis détenteur d'une carte du MPA : Mauviettes de la Prière Anonyme.

Est-ce que ça vous dit quelque chose ? Ce n'est pas qu'on ne prie pas du tout. On prie tous un peu.

On prie sur les oreillers trempés de larmes.

On prie dans les grandes liturgies.

On prie au spectacle des oies qui volent.

On prie en récitant les bonnes prières d'antan.

On prie pour rester sobre, rester concentré, pour payer ses dettes. On prie quand la tumeur s'avère maligne. Quand on n'arrive pas à boucler ses fins de mois. Quand le bébé attendu tarde à donner ses coups de pied. On prie tous... un petit peu.

Mais est-ce qu'on n'aimerait pas tous...

Prier davantage ?

Prier Mieux ?

De manière plus forte ?

Plus intense ?

Avec plus de feu, plus de foi, plus de ferveur ?

Mais on a des enfants à nourrir, des factures à payer, des délais à respecter.

Les impératifs de notre agenda se jettent sur nos bonnes intentions, comme le tigre sur un lapin. On veut prier, mais quand?

On veut prier, mais pourquoi ? On ferait aussi bien de l'admettre : la prière est pour nous quelque chose d'étrange, de bizarre. On parle dans le vide. On envoie des mots dans le ciel. On a déjà du mal à obtenir les opérateurs du câble, mais Dieu, Lui, nous répondrait ? Le médecin est trop occupé, mais Dieu ne le serait pas ? Nous nourrissons des doutes sur la prière.

Et puis, notre expérience de la prière est loin d'être un long fleuve tranquille : attentes déçues, requêtes restées sans réponse. C'est à peine si nous pouvons faire une génuflexion à cause de nos cicatrices aux genoux. Dieu apparaît à certains comme le grand briseur de cœurs. Pourquoi nous entêter à jeter les pièces de monnaie de nos profondes aspirations dans une fontaine qui demeure silencieuse ? Il m'a plaqué une fois... mais pas deux.

Oh, quelle étrange énigme que la prière !

Nous ne sommes pas les premiers à nous débattre avec elle. La feuille d'inscription au b.a.-ba de la prière fait état de quelques noms bien connus : les apôtres Jean, Jacques, André et Pierre. Lorsque l'un des disciples de Jésus lui a demandé : « Seigneur, apprends-nous à prier » (Luc 11:1), aucun des autres n'a rien eu à objecter. Aucun n'est parti en disant : « Hé, la prière, ça me connaît. » Les premiers disciples avaient besoin qu'on leur montre comment prier. En fait, le seul « tutoriel » qu'ils aient jamais requis concernait la prière. Ils auraient pu demander des conseils sur plein de sujets : comment multiplier les pains, comment faire des discours, comment calmer les tempêtes. Jésus ressuscitait les morts, mais pas de trace de séminaire sur « comment vider les cimetières ? » Par contre, ça, ils voulaient savoir : « Seigneur, apprends-nous à prier ».

Se pourrait-il que leur intérêt ait un rapport avec les formidables et stupéfiantes promesses que Jésus attachait à la prière ? « Demandez et il vous sera donné » (Matthieu 7:7). « Si vous croyez, vous obtiendrez tout ce que vous demandez dans la prière » (Matt 21:22).

Jésus n'a jamais associé un tel pouvoir à d'autres efforts. « Faites des plans et il vous sera donné... Travaillez, et vous obtiendrez tout ce que vous voudrez. » On ne trouve pas ce genre d'affirmations dans la Bible. Mais, par contre, on trouve celle-ci : « Si vous demeurez en moi et suivez mes enseignements, vous demanderez tout ce que vous voulez, et il vous sera donné » (Jean 15:7).

Jésus nous a laissé de stupéfiantes promesses sur la prière.

Et l'exemple qu'il nous a donné est convaincant. Jésus a prié avant de manger. Il a prié pour les enfants. Il a prié pour les malades. Il a prié en rendant grâce. Il a prié avec des larmes. C'est lui qui avait créé les planètes et les étoiles, et pourtant il a prié. Il est le Seigneur des anges et le chef des armées célestes, et pourtant il a prié. Il est égal à Dieu, la représentation exacte du Dieu très Saint, et pourtant il s'est adonné à la prière. Il a prié dans le désert, dans un cimetière, dans un jardin. « Il sortit et se rendit dans un lieu solitaire ; et là il priait » (Marc 1:35).

On peut facilement imaginer ce genre de dialogue dans le cercle de ses amis :

- Quelqu'un a-t-il vu Jésus ?

- Oh, tu sais, il fait « comme d'hab. »

- Encore en train de prier ?
- Ouais. On ne l'a pas vu depuis le lever du soleil.

Il arrivait même à Jésus de s'éclipser toute la nuit pour prier. Je pense à une occasion en particulier. Il venait de vivre l'une des journées les plus stressantes de son ministère. Le jour avait commencé par l'annonce de la mort de son cousin Jean-Baptiste. Jésus cherchait à se retirer dans un coin tranquille mais voilà qu'une foule de gens s'était mise à le suivre. Il avait le cœur gros, mais cela ne l'a pas empêché de passer la journée à enseigner et à guérir. Quand il s'avéra qu'ils n'avaient rien à manger, Jésus multiplia les pains et nourrit la multitude. En l'espace de quelques heures, il dut lutter contre la peine, le stress, les sollicitations et les besoins multiples. Alors qu'il aurait mérité une bonne nuit de sommeil.

Pourtant, quand le soir finalement arriva, il renvoya la foule et dit aux disciples d'embarquer, tandis que lui « montait sur la montagne pour prier » (Marc 06:46).

Apparemment, c'était le bon choix. Une tempête se déchaina sur la mer de Galilée, laissant les disciples « en difficulté loin de la terre, car un vent fort s'était levé, et ils devaient lutter contre d'énormes vagues. Vers trois heures du matin, Jésus vint vers eux, marchant sur l'eau » (d'après Matt. 14: 24- 25).

Jésus avait gravi la montagne épuisé, il en redescendait revigoré. En atteignant l'eau, pas question de ralentir. Qu'est-ce qui vous fait penser que la mer était d'huile et la tempête une brise de printemps ?

Se pourrait-il que les disciples aient fait la connexion entre prière et puissance ? « Seigneur, apprends-nous à prier comme ça. Apprends-nous à trouver la force dans la prière. À bannir la peur dans la prière. À défier les tempêtes dans la prière. À quitter la montagne de la prière avec l'autorité d'un prince. »

Qu'en est-il de vous ? Les disciples étaient confrontés aux vagues en furie et au risque de voir la mer devenir leur sépulture. Vous êtes confrontés à des clients en colère, à une économie turbulente et aux flots déchaînés du stress et de la douleur.

« Seigneur, supplions-nous encore, apprends-nous à prier. »

Quand les disciples lui ont demandé de leur apprendre à prier, il leur a donné une prière. Pas un sermon sur la prière. Pas une doctrine de la prière. Il leur a donné une prière qu'ils pourraient réciter ou répéter, une prière « de poche » en quelque sorte (Luc 11:1-4).

Pouvez-vous l'utiliser ? Il me semble que les prières de la Bible pourraient se réduire à une seule. Cela donnerait une prière simple, facile à retenir, une prière de poche :

Père,

tu es bon.

J'ai besoin d'aide. Guéris-moi et pardonne-moi.

Ils ont besoin d'aide.

Merci.

Au nom de Jésus, amen.

Que cette prière rythme votre journée ! Quand vous commencez votre journée : "Père, tu es bon". Quand vous vous rendez au travail ou marchez dans les couloirs à l'école : "J'ai besoin d'aide". Quand vous faites la queue à l'épicerie : "Ils ont besoin d'aide". Gardez cette prière en poche tout au long de la journée.

Lorsque nous invitons Dieu dans notre monde, il vient. Il nous apporte une foule de cadeaux : la joie, la patience, la persévérance. Les angoisses viennent, mais elles ne collent pas à la peau. Les craintes apparaissent, puis s'en vont. Les regrets atterrissent sur le pare-brise, mais se trouvent effacés par l'essuie-glace de la prière. Le diable continue de me tendre les pierres de la culpabilité, mais je me retourne pour les remettre au Christ. Je termine ma sixième décennie, mais je déborde d'énergie. Je suis plus heureux, plus optimiste que jamais, en meilleure santé. Certes, les difficultés sont au rendez-vous. Mais Dieu aussi.

La prière n'est pas l'apanage des pieux, ni l'art de quelques élus. La prière est tout simplement un cœur à cœur entre Dieu et son enfant. Mon ami, il veut vous parler. Maintenant même, alors que vous lisez ces mots, il frappe à votre porte. Ouvrez-lui. Accueillez-le. Que la conversation s'engage !

La prière n'est pas l'apanage des pieux, ni l'art de quelques élus. La prière est tout simplement un cœur à cœur entre Dieu et son enfant.

Prières pour le temps et la paix

1

Que le Seigneur de la paix vous donne lui-même la paix en tout temps, de toute manière ! Que le Seigneur soit avec vous tous !

2 Thessaloniciens 3:16

Père, ta sagesse et ton intelligence surpassent toute chose. Tu permets que tout arrive en son temps.

Procure-moi la paix en cette saison de ma vie remplie de mille et une choses autour de la vie familiale. Je me sens tiraillée de toutes parts : les besoins de chacun semblent d'autant plus constants qu'ils sont nombreux. Tout ce que requièrent ma vie, mes enfants et mon époux peut vite sembler insurmontable.

Entoure et assiste ma famille dans ces jours particuliers. Que ta paix soit notre paix. Puisses-tu créer un environnement propice au calme dans notre maison.

Merci de nous précéder toujours dans ce que nous traversons et d'amener l'ordre au milieu du chaos. Tu connais chacune des situations qui nous occupent et tu es toujours présent, dans les meilleurs comme dans les pires moments. Merci de la disponibilité et du temps que tu mets à ma disposition pour manifester ma tendresse, mon amour et ma profonde reconnaissance envers mes enfants. Quel don précieux !

Au Nom de Jésus, amen

2

L'Éternel donne la force à son peuple ; l'Éternel bénit son peuple et le rend heureux

Psaume 29:11

Ô Dieu, tu es ma force dans les temps difficiles. Ta grâce me suffit et ta puissance est rendue parfaite au milieu de mes faiblesses.

Aujourd'hui, je me sens dispersée, surchargée : je n'ai pas l'énergie et la force nécessaires au regard de tout ce qui m'attend. Ceins-moi de courage et des forces qu'il me faut pour finir la journée et donne-moi le repos nécessaire pour me régénérer en toi.

Garde ma famille dans sa course contre la montre entre les loisirs, l'école, le sport, etc. Que je puisse être et demeurer joyeuse, et que les enfants puissent conserver leur calme.

Merci de ce que tu marches devant nous. Pour ton amour. Et pour ta main qui nous soutient.

Dans le Nom de ton Fils, je te prie.

3

*À celui qui est ferme dans ses sentiments
tu assures la paix,
parce qu'il se confie en toi.*

Ésaïe 26:3

Seigneur bien-aimé, tes voies sont parfaites. Ta volonté est bonne, agréable et juste. Tu es digne d'être loué.

Tu promets une paix divine et sans défaut à ceux qui s'attendent à toi. Accorde-moi de garder mes pensées en tes voies. Lorsque les choses se précipitent, ramène-moi près de toi et au chevet de tes bontés.

Aide mes enfants à fixer leur regard sur toi lorsque l'anxiété et la crainte les assaillent. Montre-leur qui tu es et affermis leur confiance en ta souveraine autorité.

Je te suis reconnaissante de la paix que nous avons en toi. Merci de l'exemple d'une foi simple que tu manifestes chaque jour à travers la vie de mes enfants.

En ton Nom précieux, je prie.

4

*Le cœur de l'homme médite sa voie, mais
c'est l'Éternel qui dirige ses pas.*

Proverbes 16:9

Père, le temps n'a pas d'emprise sur toi : tu es bien au-delà. Tu sais, avant que la chose n'arrive, son commencement et sa fin. Tu es Créateur et Maître de tout.

Apaise mon cœur alors que je dresse la liste de tout ce que j'ai à faire aujourd'hui. Dirige mes pas. Que je puisse avancer sans redouter ni craindre quoi que ce soit.

Conduis chacun et chacune : que notre famille entière soit sous ta garde en cette nouvelle journée. Atteste, en nous tous, le bien-fondé de tes voies et que ta volonté soit faite.

Merci pour ton amour inébranlable et pour les occasions multiples que tu me donnes de pouvoir jouer avec mes enfants. Merci de la joie que cela nous procure à tous. Je te suis infiniment reconnaissante des fous rires et des câlins qui jalonnent chaque semaine, chaque mois et chaque année.

En ton Nom, je prie, amen.

5

Car le royaume de Dieu, ce n'est pas le manger et le boire, mais la justice, la paix et la joie, par le Saint-Esprit. Celui qui sert Christ de cette manière est agréable à Dieu et approuvé des hommes.

Romains 14:17-18

Mon Père, toi qui es au Cieux, tu es seul digne de gloire et de louange. Ma source de joie, de paix et d'amour, c'est toi.

Si souvent, j'essaye de me débrouiller toute seule, je m'applique à remplir mon agenda comme si tout reposait sur mes épaules. Oriente, je te prie, mon attention sur ce qui te plaît. M'approcher de toi est mon désir le plus cher et te servir me tient à cœur. Je veux faire ce qui est juste à tes yeux.

Que mes enfants puissent également être à ton service aujourd'hui. Ne laisse pas l'ennemi les distraire de ce qui compte réellement : qu'ils gardent leurs yeux fixés sur toi.

Merci de ce que je ne suis pas maître à bord. Merci de me guider en tout temps.

Au Nom de Jésus, amen.

6

Enseigne-nous à bien compter nos jours, afin que nous appliquions notre cœur à la sagesse.

Psaume 90:12

Père céleste, toi seul connais la durée de ma vie. Dans ta sagesse infinie, tu as établi toi-même un plan pour chacun de tes enfants. C'est vrai pour moi et pour mes enfants.

Dans l'effervescence de cette nouvelle saison de ma vie, que chaque journée soit vécue pour ce qu'elle est et comme si elle devait être la dernière. Ne me laisse considérer aucun instant comme acquis. Permets que chacun de mes actes porte le sceau d'une intention claire.

Sois avec mes enfants dans leur quotidien. Qu'ils ne vivent pas leur existence de façon nonchalante, comme un long fleuve tranquille, mais qu'au contraire, ils puissent en savourer chaque moment avec enthousiasme, sachant que la vie vient de toi.

Merci de l'attention et de l'intérêt que tu nous portes et du souci que tu as de nous voir vivre une vie sur terre abondante et pleine.

Au Nom de Jésus, je prie, amen.

7

*Recommande à l'Éternel tes
œuvres, et tes projets réussiront.*

Proverbes 16:3

Dieu, tu es un Dieu qui prête attention à celui qui t'invoque. Tu écoutes ton peuple. Tu tends l'oreille à nos prières et tu ne nous ignores pas.

Affermis et calme mes pensées en ce jour. Je n'ai pas trouvé une seconde pour m'arrêter et la vie semble m'entraîner dans un tourbillon incessant. Mon âme aspire à la quiétude. Je cours sans arrêt. Aide-moi à rester concentrée et à vivre dans l'instant présent.

Protège mes enfants tout au long de cette journée. Qu'ils soient remplis de ton amour et de l'assurance de ton soutien, plutôt que de la crainte ou du souci qu'ils peuvent se faire.

Je te remercie de m'écouter et je te rends grâce de la confiance et l'assurance que ton amour me procure, à moi et à ma famille.

Dans le Nom précieux de ton Fils, je prie, amen.

Prières pour la protection et la soumission

8

Je vous ai dit ces choses, afin que vous ayez la paix en moi. Vous aurez des tribulations dans le monde ; mais prenez courage, j'ai vaincu le monde.

Jean 16:33

Notre Père qui es aux Cieux, c'est ton amour parfait qui bannit toute crainte. Je suis émerveillée par la paix que tu amènes à la perfection dans ma vie.

Je m'inquiète pour mes enfants. Les tentations sont nombreuses autour d'eux, à l'école, avec leurs amis ou sur internet. Je me sens si souvent désemparée. Donne-moi la sagesse et aide-moi à m'en remettre à tes soins les concernant.

Protège-les alors qu'ils s'affairent à leurs activités. Garde-les du mal et de ses séductions. Tiens-les fermement entre tes mains.

Merci de ce que, malgré mes craintes, je peux m'en remettre à toi, je peux t'accorder une confiance absolue. En toi se trouvent mon repos et mon apaisement.

Au Nom de Jésus, amen.

9

Venez à moi, vous tous qui êtes fatigués et chargés, et je vous donnerai du repos. Prenez mon joug sur vous et recevez mes instructions, car je suis doux et humble de cœur ; et vous trouverez le repos pour vos âmes. Car mon joug est doux, et mon fardeau léger.

Matthieu 11:28-30

Seigneur bien-aimé, la terre et tout ce qui s'y trouve est entre tes mains. Il n'y a aucune limite à ta force. Dieu tout-puissant !

Sois à mes côtés lorsque je ressens le fardeau que portent mes enfants. Décharge-moi de ce poids. Qu'il ne pèse pas non plus sur eux. Procure la force à chaque membre de ma famille et permets qu'ils puissent affronter les difficultés avec détermination. Qu'ils fassent reculer les ténèbres, et que leur foi et leur espérance dissipent l'obscurité.

Je te suis particulièrement reconnaissante pour les femmes plus expérimentées que tu as mises sur ma route. Leur clairvoyance m'aide toujours à diriger mes regards sur toi à travers chaque circonstance de ma vie. Merci pour l'exemple et les repères qu'elles sont pour moi.

Dans ton Nom puissant je prie. Amen.

10

Et qui vous maltraitera, si vous êtes zélés pour le bien ? D'ailleurs, même si vous souffriez pour la justice, vous seriez heureux.

1 Pierre 3:13-14

Père, aucun mal n'aura jamais raison de ta souveraineté. Aucun problème n'est insurmontable. Tu connais toutes choses et rien n'échappe à ton regard.

Viens-moi en aide aujourd'hui encore. Il m'est difficile de bannir de moi les soucis et les craintes quand il s'agit de mes enfants. Je suis tentée d'imaginer le pire. Accorde-moi ta paix lorsque survient l'anxiété.

Garde l'ennemi à distance, et ne permets pas qu'une once de joie et de bonheur soient dérobées à mes enfants. Protège mes enfants bien aimés.

Je te rends grâce de ce que, même dans la souffrance et l'adversité, tu trouves l'occasion de te glorifier en moi et de conduire mes pas dans les tiens.

Au Nom de Jésus Amen.

11

Moïse répondit au peuple : " Ne craignez rien, restez en place, et regardez la délivrance que l'Éternel va vous accorder en ce jour ".

Exode 14:13

Seigneur, tu es puissant et valeureux au combat. Les batailles que tu mènes échappent à nos regards. Ta victoire sur elles est incontestable.

J'ai besoin que tu livres le combat, pour moi, aujourd'hui. Je me sens faible, et le doute s'installe trop souvent en lieu et place de ma foi. Je dois croire et être convaincue que les besoins de chacun sont d'ores et déjà satisfaits en toi. Les troubles et les perturbations auxquelles nous devons faire face semblent s'épaissir. Que ta victoire, en moi, surmonte ces craintes qui m'assaillent quotidiennement.

Père, combats pour ma famille en ce jour. Lorsque l'un ou l'autre se voit confronté à la tristesse, aux peurs, ou à des problèmes qui leur paraissent insurmontables, montre-leur comment toi, tu sauras triompher.

Merci de ce que le combat t'appartient. Car en toi est la force, pas en moi.

C'est en ton Nom que je prie.

12

L'Éternel est bon, il est un refuge au jour de la détresse ; il connaît ceux qui se confient en lui.

Nahum 1:7

Père, tu es bon. Infiniment bon ! Tu es juste et tu es digne.

Aide-moi lorsque parfois je doute de ta bonté. La proximité du mal qui ronge ce monde est d'autant plus présente à mes yeux depuis que tu m'as confié des enfants, et je redoute si souvent ce qui pourrait leur arriver. Montre-moi comment faire confiance à ta bonté sans limite.

Merci d'être une forteresse, un lieu sûr pour ma famille lorsque surviennent les difficultés. Encourage les uns et les autres. Qu'ils gardent la tête haute. Apprends-leur à dépendre de toi et non d'eux-mêmes.

Merci pour la stabilité qui est en toi. Toi, le rocher inébranlable sur lequel nous pouvons nous tenir aujourd'hui.

Dans le Nom de Jésus, mon refuge, Amen.

13

Nous sommes pressés de toute manière, mais non réduits à l'extrémité ; dans la détresse, mais non dans le désespoir ; persécutés, mais non abandonnés; abattus, mais non perdus.

2 Corinthiens 4:8-9

Précieux Sauveur, tu es bien au dessus de mes problèmes, de mes soucis, de mes peurs. Bien plus grand, bien plus fort que tout ce qui pourrait nous arriver.

Donne-nous la force aujourd'hui. Les difficultés ne semblent épargner personne en ce moment. Rappelle-moi constamment que je ne suis pas livrée à moi-même, ni sans secours.

Tu es sans cesse à mes côtés. Que l'on puisse se souvenir du bien-fondé de tes promesses, sachant que, dans les périodes les plus sombres de notre vie, celles-ci demeurent et que rien ne peut les détruire. Rien ne peut nous détruire. Même lorsque nous nous sentons persécutés, tu es avec nous. Que ma famille soit convaincue de ces réalités.

Merci de marcher avec moi, à travers tout, et merci pour ton engagement et pour tes promesses quant à l'issue de chaque combat.

Dans ton Saint Nom amen.

14

*Le Seigneur est fidèle, il vous affermira
et vous préservera du malin.*

2 Thessaloniciens 3:3

Mon Père, toi qui demeures au ciel, tu es le commencement et la fin de toute chose. Tu m'as toujours précédée dans la bénédiction et l'abondance. Ta divine provision ne m'a jamais fait défaut.

Je m'inquiète pour mes enfants et pour leur futur. Ils grandissent chaque jour et seront bientôt en âge de trouver leur autonomie. Chaque année amène de nouveaux défis et je ne suis pas toujours en mesure de les protéger. Délivre-moi de ces craintes et apprends-moi constamment à placer mes enfants sous ta surveillance et dans ta grâce.

Sois quotidiennement avec eux, à l'école, dans leurs conversations et dans ce qu'ils font avec leurs amis et leurs camarades de classe.

Je te suis reconnaissante : tu es fidèle. Jamais tu ne nous abandonnes.

En ton Nom, je prie, amen.

Prières pour éclairer notre chemin

15

Car Dieu n'est pas un Dieu de désordre, mais de paix.

1 Corinthiens 14:33

Père, ton amour est parfait, tes voies sont parfaites. Je ne peux concevoir la profondeur de cet amour, les dimensions de cette sagesse.

Conduis-moi dans cette sagesse infinie. Donne-moi la clarté et la paix dans les décisions et les conseils que requièrent mes responsabilités familiales. Tu n'es pas un Dieu de confusion. C'est ta voix, et ta voix seule, que je désire entendre.

Procure également cette paix à mes enfants dans les choix qu'ils ont à faire. Garde-les de la confusion et qu'ils aient les idées claires, dans ta souveraine paix.

Je te suis reconnaissante des orientations pleines de sagesse dans lesquelles tu nous conduis. Tu n'es pas avare de conseils et nous pouvons sans cesse compter sur tes bienfaits. Ta main pourvoit à tous nos besoins.

Dans le Nom précieux de cette divine ressource que tu es dans nos vies, Jésus, amen.

16

Je vous laisse la paix, je vous donne ma paix. Je ne vous donne pas comme le monde donne. Que votre cœur ne se trouble point, et ne s'alarme point.

Jean 14:27

Père Céleste, tu es juste, vertueux et digne de ma louange. C'est toi l'unique Dieu véritable. Ta personne et tout ce qui s'y rapporte m'émerveillent.

J'éprouve parfois de la difficulté dans l'éducation de mes enfants. Ils ont besoin d'amour mais aussi de discipline. Je ne parviens pas toujours à trouver le juste équilibre entre les deux. Guide-moi, je te prie, dans ce domaine en particulier.

Sois avec mes enfants lorsqu'ils ne sont pas forcément d'accord entre eux et qu'ils se disputent. Accorde-leur un amour mutuel et une compréhension renouvelée de ce que représente notre famille. Qu'ils apprennent à apprécier cette famille que tu leur as donnée.

Merci de me faire découvrir des plaisirs insoupçonnés dans le fait d'être une maman. Je te suis reconnaissante des éclats de rire du soir et des complaintes matinales. Merci pour ta bienveillance envers nous à chaque heure du jour et de la nuit.

Au Nom de Jésus amen.

17

Fortifie-toi, prends courage et agis ; ne crains point, et ne t'effraie point. Car l'Éternel Dieu, mon Dieu, sera avec toi ; il ne te délaissera point, il ne t'abandonnera point.

1 Chroniques 28:20

Notre Père qui es aux cieux, tu es Seigneur sur toutes choses. Éternel, Dieu tout-puissant, d'âge en âge tu règnes ! Et ta suprématie n'a pas de fin.

Sois avec moi, je te prie, lorsque les changements s'amorcent ou se concrétisent et qu'ils occasionnent quelques perturbations au sein de la famille. Quand tout semble ébranlé, chacun éprouve plus ou moins d'insécurité et plus ou moins de difficultés. Donne-moi la force et le courage d'affronter ces phases de transition dans la paix.

Aide ma famille à te voir à l'œuvre dans ces nouvelles orientations et dans ta souveraine conduite. C'est toi qui nous guides. Que chacun puisse mettre sa confiance en toi, tout particulièrement lorsque le futur semble incertain.

Je te remercie de ce que tu es avec nous, quand bien même les circonstances nous malmènent. Tu es notre rocher ! Je te rends grâce et je te loue pour cela.

Dans le Nom du Christ, amen.

18

Car ce n'est pas un esprit de timidité que Dieu nous a donné ; au contraire, son Esprit nous remplit de force, d'amour et de sagesse.

2 Timothée 1:7

Père, tu es tout-puissant, omniscient et omnipotent. Tu vas jusqu'à déplacer des montagnes et soulever des océans. Tes merveilles dépassent ma capacité à les imaginer.

Sois avec moi en ce jour alors que certaines craintes réapparaissent dans ma vie. Rappelle-moi constamment qu'elles ne viennent pas de toi, et substitue à leurs voix celle de la paix, de l'amour et d'un esprit sain.

Chemine et demeure auprès de ma famille alors que chacun vaque à ses occupations. Ne permets pas que mes enfants soient intimidés, ni que la peur ou les doutes ne les submergent. Remplis-les bien plutôt d'une conscience parfaite et du sentiment profond de ton amour.

Merci de ce qu'aucune occasion de crainte n'existe en toi et de ce que la force et le courage me sont donnés, par grâce, pour relever tous les défis de chaque jour.

Je te prie, en ton Nom, amen.

19

Approchons-nous donc avec assurance du trône de la grâce, afin d'obtenir miséricorde et de trouver grâce, pour être secourus dans nos besoins.

Hébreux 4:16

Père, tu entends chaque prière et nul n'échappe à ton regard. Tu prends soin de tes enfants et tu m'as fait la grâce d'être comptée au nombre de ceux-ci.

Je te demande aujourd'hui de clarifier, pour moi, toute chose. J'essaye trop souvent de comprendre et d'analyser les problèmes par moi-même, mais là, j'abandonne.

Je remets ma vie entre tes mains. Ce faisant, je te remets également mes enfants. Ils t'appartiennent. Fais qu'ils s'approchent de toi avec hardiesse et assurance, pour qu'ils fassent l'expérience de ta grâce.

Merci de ce que tu m'as promis ton secours au jour où je viens à toi pour te présenter mes requêtes et te faire part de mes besoins.

Dans le Nom de Jésus, amen.

20

Afin que le Dieu de notre Seigneur Jésus-Christ, le Père de gloire, vous donne un esprit de sagesse et de révélation dans sa connaissance ; qu'il illumine les yeux de votre cœur, pour que vous sachiez quelle est l'espérance qui s'attache à son appel, quelle est la richesse de la gloire de son héritage qu'il réserve aux saints.

Éphésiens 1:17-18

Dieu, tu es bon. L'ennemi tremble devant toi. Rien ne résiste à ta puissance. Rien n'égale ta force.

Je me perds quelquefois dans mon rôle de mère, comme si je n'étais plus que ça. Rappelle-moi que c'est en toi que je trouve mon identité !

Rappelle-nous, à ma famille et à moi-même, qu'une grande espérance est attachée à ton appel. Que tu as un plan pour chacune de nos vies et que ce plan comprend le fait de nous aimer les uns les autres comme tu nous as aimés.

Merci pour le privilège incroyable de pouvoir être impliquée dans l'éducation de mes enfants. Que de joie, que d'amour ils me prodiguent chaque jour ! Merci de ce que cet amour m'ouvre chaque jour d'avantage à celui, plus grand encore, que tu me portes.

En ton Nom, je prie.

21

La révélation de tes paroles éclaire,
elle donne de l'intelligence aux simples.

Psaume 119:130

Père céleste, tu appelles toute chose à l'existence. Tu crées la vie par ta Parole et tout subsiste par elle. Tu amènes la clarté de la lumière au milieu de l'obscurité.

Seigneur, que ta clarté resplendisse aujourd'hui au milieu de mes ténèbres. Le futur peut m'effrayer dans ce qu'il comporte d'incertitude. Lorsque mes pensées dérivent jusquà l'anxiété, ramène-moi à ta paix, à ta lumière, par les sentiers de ta splendeur.

Que ta lumière vienne éclairer notre foyer en ce jour, et qu'elle amène avec elle la compréhension. Mes enfants sont encore en phase d'apprentissage, ils apprennent à te faire confiance : je ne veux pas qu'ils grandissent avec la peur de l'avenir. Procure-leur la paix, ainsi que des directions claires, pour aujourd'hui et pour demain.

Merci de répondre à leurs prières. Merci pour celles qu'ils murmurent avant de s'endormir : elles sont souvent hors du commun, parfois très drôles, mais toujours honnêtes. Merci d'avoir placé mes enfants – si précieux – dans ma vie.

Au Nom du Christ amen.

Prières pour l'amour et le mariage

22

*Quand les montagnes s'éloigneraient,
quand les collines chancelleraient,
mon amour ne s'éloignera point de toi,
et mon alliance de paix ne chancellera point,
dit l'Éternel, qui a compassion de toi..*

Ésaïe 54:10

Père bien aimé, tu demeures fidèle à tes préceptes. Tu ne romps pas les promesses attachées à taParole et ton amour est constant.

Mon mariage est sujet aux attaques de l'ennemi et je me sens parfois impuissante à les combattre. Donne-moi la force et le courage en ces temps difficiles... et rappelle à mon souvenir toutes les promesses que tu fais à ceux qui t'appartiennent.

Garde le cœur de mon époux. Rapproche-nous l'un de l'autre, et de toi en particulier. Fais-nous la grâce d'un amour surnaturel, entre nous et pour nos enfants.

Merci d'être l'instigateur par excellence de l'engagement et de l'alliance, et d'en être également le gardien.

Dans le saint Nom de Jésus, amen.

23

*La crainte n'est pas dans l'amour,
mais l'amour parfait bannit la crainte ;
car la crainte suppose un châtiment, et celui
qui craint n'est pas parfait dans l'amour.*

1 Jean 4:18

Père Céleste, seul ton amour est parfait. Il n'échoue à aucune occasion, Il est juste et sans reproche. À jamais ! C'est lui, seul, qui bannit la crainte.

J'ai besoin de cet amour pour mon mari et pour mes enfants. Lorsque je suis accaparée ou irritable, je ne trouve pas toujours le moyen de leur communiquer à quel point je les aime. Que ton amour coule à travers moi jusqu'à eux.

Manifeste ton amour aujourd'hui dans la vie de mon époux et de nos enfants, de façon tangible, pour que chacun puisse le comprendre. Permets-leur de le ressentir tout autour d'eux. Chasse la crainte de leur vie par ton amour parfait.

Merci de ce que cet amour ne faillit jamais là où le mien n'est pas à la hauteur. Je te suis infiniment reconnaissante pour mon mari et pour le père qu'il est pour nos enfants. Aide-moi à lui exprimer ma reconnaissance tout au long de cette journée.

C'est en ton Nom que je prie, amen.

24

Or, à celui qui peut faire, par la puissance qui agit en nous, infiniment au-delà de tout ce que nous demandons ou pensons, à lui soit la gloire dans l'Église et en Jésus-Christ, dans toutes les générations, aux siècles des siècles ! Amen !

Éphésiens 3:20-21

Père, tu es en mesure de faire bien plus que ce que je ne pourrai jamais imaginer ou demander.

Certains aspects de mon mariage semblent irréparables. Je prie pour ta restauration et pour ton amour dans ce qui m'apparaît, à moi, comme impossible dans notre relation. Tu peux tout.

Protège tous ceux que nos difficultés pourraient affecter, en particulier nos enfants. Entoure-les et donne-nous le discernement quant il s'agit de leur parler.

Merci pour les prodiges que tu vas accomplir et merci pour ton amour inaltérable qui apporte restauration à toutes les générations. Cette promesse englobe mes enfants et leurs enfants. Je te suis extrêmement reconnaissante de voir ce miracle se produire dès à présent dans leur vie et sous mes yeux.

Au Nom de Jésus, amen.

25

C'est à cause de votre incrédulité, leur dit Jésus. Je vous le dis en vérité, si vous aviez de la foi comme un grain de sénevé, vous diriez à cette montagne : Transporte-toi d'ici là, et elle se transporterait ; rien ne vous serait impossible.

Matthieu 17:20

Seigneur bien-aimé, tu as créé le monde, du plus haut du ciel jusqu'au plus profond des océans. Tu en connais chaque détail.

Édifie ma foi en ce jour ; elle est si faible. Certains problèmes dans notre couple et dans notre maison me pèsent plus que de raison. Déplace les montagnes qui encombrent mon cœur, ou qui entravent ma famille.

Aujourd'hui, Seigneur, sois avec mon mari. Envahis-nous de ta paix et donne-nous de nous comprendre l'un l'autre ainsi que nos enfants.

Merci d'être, aujourd'hui encore, cette puissance, cette force qui déplace les montagnes et qui accepte notre modeste foi, quelle qu'en soit son état. Merci pour mon mari, pour sa compréhension et son soutien. J'ai le sentiment d'être importante à ses yeux, et chère à son coeur, lorsqu'il me protège et me montre à quel point il m'aime.

Au Nom de Jésus, amen.

26

*L'Éternel combattra pour vous
; et vous, gardez le silence.*

Exode 14:14

Dieu très haut, c'est toi qui combats pour nous. Tu es la victoire ultime dans chacune de nos batailles.

Père, rappelle-moi, à chaque instant, aujourd'hui comme demain, que le combat t'appartient. Lorsque je suis sur la défensive à l'égard de mon mari, et que je tiens à défendre mon point de vue jusqu'à vouloir le dernier mot, réaffirme, en moi, la conviction que cette bataille n'est pas la mienne. Elle t'appartient.

Combats aux côtés de mes enfants aujourd'hui. Dresse-toi entre eux et l'ennemi lorsque celui-ci tente de leur dérober leur joie ou de les convaincre qu'ils n'en font jamais assez. Lève-toi Seigneur.

Merci d'être attaché à notre cause et de combatre en notre faveur.

Je prie en ton Nom, amen.

27

*Ne vous vengez point vous-mêmes, bien-
aimés, mais laissez agir la colère ;
car il est écrit : à moi la vengeance,
à moi la rétribution, dit le Seigneur.*

Romains 12:19

Dieu, tes jugements sont toujours inspirés par l'amour parfait qui est en toi. Je ne peux discuter ta parfaite volonté.

Aide-moi à fixer mes regards et mon cœur sur toi. J'ai de la rancune envers mon mari et je veux m'en débarrasser. Apprends-moi à te remettre toutes mes blessures.

Octroie également une portion inattendue de ta grâce dans le cœur de mon époux, à l'égard de notre famille et de moi-même. Que son cœur s'adoucisse vis à vis de toi et que ton amour amène un rafraîchissement dans son esprit.

Je te remercie pour ta fidélité : elle est fiable, certaine et sans limite.

Au Nom de Jésus, amen.

28

Et tout cela vient de Dieu, qui nous a réconciliés avec lui par Christ, et qui nous a donné le ministère de la réconciliation.

2 Corinthiens 5:18

Père de toute lumière, ton œuvre est une œuvre de réconciliation. Tu apportes l'espérance et la paix quelle que soit la difficulté de chaque situation.

Donne-moi le désir de me réconcilier avec mon époux lorsque les disputes surviennent. Il est plus facile de conserver la rancune et la colère que de pardonner. Amène la paix. Que ton amour abonde en moi.

Remplis mes enfants et mon mari de grâce et de patience. Lorsqu'ils sont en désaccord, qu'ils puissent se souvenir que tu peux guérir toute blessure.

Merci pour le don de la paix et sa puissance de restauration dans nos relations. Merci pour tout le travail déjà accompli au sein de notre mariage et pour la joie que tu nous donnes autant que pour celle que tu nous as déjà donnée. Quand mon mari me surprend par une petite marque de gentillesse, je suis émerveillée par ta bonté d'avoir placé cet homme sur ma route et dans ma vie.

Au Nom du Christ, je te prie, amen.

Prières pour la guérison et la sécurité

29

Ne vous inquiétez de rien ; mais en toute chose faites connaître vos besoins à Dieu par des prières et des supplications, avec des actions de grâces. Et la paix de Dieu, qui surpasse toute intelligence, gardera vos cœurs et vos pensées en Jésus-Christ.

Philippiens 4:6-7

Père, c'est toi qui nous guéris. Toi seul as le pouvoir de faire revenir à la vie ce qui est mort et de renouveler toute chose.

Aide-moi à te faire confiance aujourd'hui. Quand l'un ou l'autre de mes enfants est malade, je me sens démunie. Permets que je puisse abandonner ce fardeau sur tes épaules.

Que mon enfant guérisse, je te le demande avec l'assurance et la hardiesse de la foi. Qu'il puisse retrouver l'énergie et la vitalité dès aujourd'hui. Montre-nous des signes tangibles d'amélioration.

Merci de te préoccuper de notre santé. Quelle que soient l'importance ou la gravité de ce qui l'entrave, nos petites ou nos grandes misères, tu es là ! Le simple fait de tenir mon enfant dans mes bras nous apporte à tous deux du réconfort : je te dis merci pour cela. Ce sont des instants précieux dont ils se souviendront toute leur vie.

Au Nom de Jésus, amen..

30

Fortifiez-vous et ayez du courage !
Ne craignez point et ne soyez point effrayés devant eux
; car l'Éternel, ton Dieu, marchera lui-même avec toi,
il ne te délaissera point, il ne t'abandonnera point.

Deutéronome 31:6

Père précieux et bien-aimé, tu ne nous abandonnes jamais ni ne nous délaisses. Tu es notre protecteur et notre délivrance. Je te loue.

Donne-moi la force et le courage aujourd'hui : l'un de mes enfants est malade et nous ne savons pas encore quel est le diagnostic. Nous sommes très inquiets. Affermis notre foi et notre courage.

Mon mari ne ménage pas ses efforts pour rester stoïque et se montrer à la hauteur de toutes les situations auxquelles nous sommes confrontés en ce moment : procure-lui la paix. Ne le laisse pas porter seul tous ces fardeaux.

Merci de ce que ta Parole nous promet ta présence à nos côtés et ton chemin devant nous.

Je te prie dans le Nom du Christ, amen.

31

Mais il était blessé pour nos péchés, brisé pour nos iniquités ; le châtiment qui nous donne la paix est tombé sur lui, et c'est par ses meurtrissures que nous sommes guéris.

Ésaïe 53:5

Père, tu as sacrifié ton propre Fils, manifestant ainsi ta bonté parfaite pour tes enfants. Ton attachement à notre égard dépasse de loin notre capacité à le comprendre ou à le communiquer.

Aujourd'hui, ma charge me pèse particulièrement. Avoir un enfant malade, à la maison, et le regarder souffrir, impuissante à le soulager, m'est pénible. Soulage, de grâce, ce fardeau, et accorde-nous du repos. Marque une trêve dans ce combat.

Ne permets pas que cette épreuve altère la confiance que ma fille place en toi. Elle ne comprend pas sa souffrance : toi seul connais toute chose. Je te prie pour une guérison rapide et un rétablissement complet.

Merci de ce qu'en dépit de circonstances difficiles, tu dispenses ta bonté par des instants de joie ineffable : le simple fait de s'accorder des moments privilégiés de lecture ou une dose plus conséquente de câlins prend, dès lors, un sens tout particulier.

C'est en ton Nom que je prie, amen

32

Guéris-moi, Éternel, et je serai guéri ; sauve-moi, et je serai sauvé ; car tu es ma gloire.

Jérémie 17:14

Père céleste, tu es bon. Aucun mal ni aucune impureté ne réside en toi. Tous dons parfaits viennent de toi.

Souviens-toi de moi en ce jour. Panse mes blessures et accorde-moi la grâce et le salut. Que ma vie en soit pleine pour que je puisse te louer.

Guéris également mes enfants. La guérison physique, spirituelle et émotionnelle leur est d'autant plus nécessaire durant cette période de leur vie où ils grandissent chaque jour un peu plus. Sois, Père éternel, leur soutien et leur réconfort.

Merci pour la guérison ultime qu'est le salut en toi. Merci de nous promettre la vie éternelle avec toi.

Au Nom de Jésus, amen.

33

La femme, se voyant découverte, vint toute tremblante se jeter à ses pieds, et déclara devant tout le peuple pourquoi elle l'avait touché, et comment elle avait été guérie à l'instant.
Jésus lui dit : " Ma fille, ta foi t'a sauvée ; va en paix."

Luc 8:47-48

Père bien aimé, un seul geste, un seul regard de toi, et les malades sont guéris, les aveugles recouvrent la vue. Tu accomplis des miracles chaque jour.

Assiste mon manque de foi par ta grâce aujourd'hui. Lorsque je me mets à douter de ta puissance et de ta capacité à opérer la guérison, rappelle-moi l'histoire de cette femme qui, à l'instant même où sa main toucha un pan de ta robe, fut immédiatement guérie. La mise en pratique de sa foi fut l'instrument de sa guérison. Donne-moi, je te prie, cette foi-là.

Je te demande la guérison pour les enfants malades autour de moi. Seigneur, j'en appelle au miracle. C'est précisément d'un miracle dont nous avons besoin. Lorsque d'autres voix nous incitent à croire qu'il n'y a pas de remède, donne-nous la foi que tu es le médecin et le remède par excellence.

Merci de l'attention délicate que tu portes à tes enfants et les moyens illimités que tu as de pourvoir à leurs besoins.

En ton Nom je prie, amen.

34

Mon fils, sois attentif à mes paroles, prête l'oreille à mes discours. Qu'ils ne s'éloignent pas de tes yeux ; garde-les dans le fond de ton cœur ; car c'est la vie pour ceux qui les trouvent, c'est la santé pour tout leur corps

Proverbes 4:20-22

Seigneur, ta Parole est bienfaisante et bonne. C'est une puissance de restauration, de transformation, et une source de vie et de vie en abondance. Ta Parole est paix. Ta Parole est inébranlable. Pour quiconque l'écoute.

Dirige-moi dans ta Parole aujourd'hui et dans toutes ses promesses. Mon cœur saigne pour ceux que la maladie a atteints, et depuis si longtemps. Redonne-moi espoir, tout à nouveau, par ta divine Parole.

Réconforte ceux qui souffrent. Qu'ils ressentent ta présence. Enveloppe-les de ton bras puissant. Prends soin de leur corps et de leur âme, et soulage leur douleur. Apporte-leur la guérison et permets-leur de bien se reposer.

Merci de nous avoir donné ta Parole. C'est elle qui nous garde de toute pensée et de tout sentiment d'isolement ou d'abandon.

Au Nom de Jésus, amen.

35

Éternel, mon Dieu !
J'ai crié à toi,
et tu m'as guéri.

Psaume 30:2

Père céleste, riche en bonté et en miséricorde, tu entends tous nos cris, toutes nos prières. Tu nous écoutes avec attention et bienveillance, tu réponds à chacun selon ta grâce et ta compassion.

Je te demande aujourd'hui la guérison. Tu déclares que si nous cherchons, nous trouverons ; si nous crions à toi, tu répondras par la guérison. Guéris mon enfant, je te prie. Soulage-le et apporte-lui un regain de vie et de vitalité.

Sois avec mes amies qui ont, comme moi, des enfants qui souffrent. Que la compassion les rapproche de toi. Accorde-leur une guérison miraculeuse.

Je te remercie pour ta miséricorde et ta fidélité sans limite. Merci pour les amitiés que tu m'as données avec d'autres mamans et pour le bonheur de pouvoir nous encourager les unes les autres. Nous ne sommes pas faites pour être seules : combien ces relations me sont précieuses !

Je te prie dans le Nom de notre Sauveur, amen.

Prières pour la grâce et la force

36

Car c'est par la grâce que vous êtes sauvés, par le moyen de la foi. Et cela ne vient pas de vous, c'est le don de Dieu. Ce n'est point par les œuvres, afin que personne ne se glorifie.

Éphésiens 2:8-9

Père, toi seul est l'auteur de notre salut, toi seul sauve. Nul n'est semblable à toi, Rédempteur du monde !

Aujourd'hui, j'ai l'impression d'être une mauvaise mère. Je me sens coupable de ne pas faire plus pour mes enfants et pour mon mari. Rappelle-moi que ce que je suis est pleinement suffisant et que ça n'est pas moi, mais Christ à travers moi qui me donne ma valeur.

Protège ma famille à chaque instant de la journée, où qu'elle soit, sachant que je ne peux être partout ni répondre à tous leurs besoins. Entoure chacun de l'amour inconditionnel dont toi seul es capable.

Merci de ce que ta grâce me suffit et de ce que ta présence, à elle seule, répond à tous mes besoins.

Au Nom de Jésus, amen.

37

Car tous ont péché et sont privés de la gloire de Dieu ; et ils sont gratuitement justifiés par sa grâce, par le moyen de la rédemption qui est en Jésus-Christ.

Romains 3:23-24

Seigneur bien-aimé, ton amour ne faillit jamais et demeure à toujours. Ta grâce est un don constant dans notre vie.

Parfois, je ne me sens pas digne du privilège d'être maman. J'oublie certaines choses. Je m'emporte avec mes enfants. Je néglige mon mari. Mais je sais que ton sacrifice me donne tout le sens et la plénitude nécessaires. C'est un don.

Sois avec mon époux aujourd'hui, Père éternel. Je te prie qu'il me prodigue sa grâce comme tu me la prodigues, afin que nous puissions fonctionner ensemble autour du centre que tu es pour notre couple.

Merci pour ta grâce, le don parfait par excellence, et la manière avec laquelle tu nous la communiques. Lorsque je la perçois dans le regard de mes enfants, je me sens renouvelée et rafraîchie. Les regarder jouer m'aide à me souvenir de ma propre enfance et de ce que tu faisais déjà dans ma vie à ce moment-là.

En ton Nom je prie, amen.

38

Ne vend-on pas cinq passereaux pour deux sous ? Cependant, aucun d'eux n'est oublié devant Dieu. Et même vos cheveux sont tous comptés. Ne craignez donc point : vous valez plus que beaucoup de passereaux.

Luc 12:6-7

Père bien-aimé, tu connais par leur nom chacun de tes enfants. Rien n'échappe à ton regard. Tes yeux parcourent la terre entière et l'univers n'a pas de secret pour toi.

Il y a des jours où j'ai l'impression d'être ignorée par ma petite famille. Ce que je fais passe inaperçu et j'ai le sentiment de ne pas être apprécié par les miens. Rappelle-moi que ton amour est tout ce dont j'ai besoin. Le simple fait d'avoir été créée par toi donne à ma vie tout son sens et sa valeur.

Je te prie de la même manière pour les autres mamans qui ressententent ce que je ressens ou qui auraient oublié ce qu'elles sont en toi. Qu'elles se sentent aimées et chéries par toi.

Merci de pourvoir à tout l'amour, à tout le soutien et l'encouragement dont j'ai besoin.

Au Nom de Jésus, amen.

39

Il nous a sauvés, non à cause des œuvres de justice que nous aurions faites, mais selon sa miséricorde.

Tite 3:5

Ô Dieu, tu es digne de notre louange autant que de notre gratitude. Je te loue de tout mon cœur, de tout mon être, de toute ma force et de toute ma pensée.

Au jour où je ressens mes limites et où tout me semble insurmontable, rappelle-moi que je ne suis pas appelée à être parfaite. Le perfectionnisme précède toujours la sensation d'échec. Lorsque je m'en remets à toi, c'est ta grandeur, au contraire, que je constate. Apprends-moi à me concentrer sur toi.

Sois aujourd'hui avec mes enfants et enseigne-leur comment dépendre de toi. Donne-leur ce dont ils ont besoin, ni plus ni moins.

Merci de ce que je peux me reposer en toute confiance sur tes promesses et sur ta grâce.

Au Nom du Christ, amen.

40

C'est toi qui as formé mes reins, qui m'as tissé dans le sein de ma mère. Je te loue de ce que je suis une créature si merveilleuse. Tes œuvres sont admirables, et mon âme le reconnaît bien.

Psaume 139:13-14

Père, tu es le Créateur de toutes choses. Tu me connaissais bien avant que je sois dans le ventre de ma mère et tu me connais, aujourd'hui encore, dans mes moindres recoins.

J'attache si souvent mon identité propre à ce que je fais, à ce que j'accomplis en tant que mère, si bien qu'à la plus insignifiante erreur de ma part, c'est toute entière que je me sens disqualifiée. Je sais pourtant que tu connais tout de moi et que tu m'acceptes telle que je suis. Aide-moi à m'en souvenir à chaque instant.

Fais que mes enfants sachent qu'ils sont aimés, non seulement par leur parents, mais aussi par toi. Permets qu'ils trouvent leur valeur en toi et non pas dans ce que les autres disent à leur sujet.

Merci d'avoir créé ma famille et de l'aimer bien au-delà de l'amour que je ne serai jamais capable d'offrir. Merci pour les joies simples et l'exubérance d'amour dont notre foyer déborde. Merci de m'avoir entourée d'une telle famille. Quel bonheur !

Au Nom de Jésus, amen.

À propos de Max Lucado

Plus de 120 millions de lecteurs ont puisé inspiration et encouragement dans les écrits de Max Lucado. Il vit en compagnie de sa femme, Denalyn, et de leur coquin de chien, Andy, à San Antonio au Texas, où il se met au service des membres de " Oak Hills Church. Visitez son site Web sur MaxLucado.com ou suivez-le sur Twitter.com/MaxLucado et Facebook.com/MaxLucado.

À propos d'Andrea Lucado

Andrea Lucado, fille de Max Lucado, est un écrivain freelance originaire du Texas, qui a élu domicile à Nashville dans le Tennessee. Si elle n'est pas occupée à réaliser des interviews ou à écrire des histoires, vous risquez de la trouver en train de rire avec ses amis à la terrasse d'un café, ou de parcourir les collines de Nashville. À moins qu'elle ne s'applique à mettre au point, dans sa cuisine, l'une de ses dernières créations culinaires, qui méritera peut-être bientôt le qualificatif de comestible : elle en est persuadée, un jour elle réussira. Suivez-la sur Twitter et Instagram, @andrealucado, ou sur son blog à AndreaLucado.com.

À propos de Thierry Ostrini
(Traducteur des prières)

Thierry OSTRINI est à l'origine du groupe EXO et à l'initiative de plusieurs autres projets qui lui valent, aujourd'hui, d'être une « plume » – au sein du monde francophone – reconnue et appréciée par beaucoup. Il a non seulement participé à l'adaptation et à la traduction du plusieurs albums, mais a également signé quelques textes (livres, préfaces, accroches ou rédactions, concepts ou répertoires…etc) ainsi que des enseignements sur l'écriture et la composition. « Au commencement était la Parole, se plaît-il à souligner, il n'y a pas de raison que ça s'arrête... »
Thierry vit en Alsace et travaille au sein d'une église locale dans le domaine de la musique, de l'écriture et de l'enseignement. Il poursuit « la quête » textuelle et « traque » le verbe au quotidien. À suivre.

www.iCharacter.eu

Prières de Poche pour les Papas

Tour à tour protecteurs, compagnons de jeu, confidents, conseillers, les papas portent de nombreuses casquettes... Quels que soient leurs rôles, ils sont appelés à diriger leurs familles avec conviction et intégrité. Où trouveront-ils donc la force nécessaire ?
Ces quarante prières toutes simples les guideront à la Source de toute espérance et de toute force, pour leur apporter la paix et le repos en toutes circonstances.

www.iCharacter.eu

Prières de Poche pour les amis

Certains amis sont plus proches de nous que des frères. Ils tissent leur chemin à travers les hauts et les bas de notre vie, pour en célébrer les « hauts » et nous réconforter dans les « bas ». Mais il est si facile d'oublier de leur dire combien nous les apprécions...
Ces quarante prières simples guideront les amis vers des relations plus étroites, plus stimulantes, un gage de joie et de sérénité dans toutes les saisons de l'existence.

www.iCharacter.eu

www.ingramcontent.com/pod-product-compliance
Lightning Source LLC
Chambersburg PA
CBHW081500070526
44586CB00019B/2431